A DORLING KINDERSLEY BOOK

Editor: Stella Love
Diseñador: Mandy Earey
Director artístico: Chris Legee
Director de la edición: Jane Yorke
Producción: Jayne Wood

Fotografías: Dave King
Fotografías adicionales: Tim Ridley (páginas 4-5
y 8-9)
Ilustraciones: Jane Cradock-Watson y Dave Hopkins
Realizador de maquetas: Ted Taylor (páginas 10-11,
14-15 y 16-17)
Asesor de trenes: Julian Holland
Maquetas de trenes suministradas por: Victor's y
Beatties (Londres)

Fotomecánica: Colourscan, Singapur
Impreso y encuadernado en Italia por LEGO,
Vicenza

Trenes

Escrito por Angela Royston

PLAZA JOVEN

Máquina de vapor

Esta máquina de vapor es muy vieja. El fogonero echa carbón al fuego para calentar el agua de la caldera. De este modo, el vapor que despide el agua caliente impulsa la locomotora. Un estridente silbato nos avisa de que llega el tren.

chimenea

silbato

quitapiedras

faro

Tren de alta velocidad

Este tren viaja muy deprisa. La locomotora es eléctrica y va conectada a un cable suspendido sobre la vía. El tren se ladea al tiempo que acelera en las curvas. Esto hace que los pasajeros tengan un viaje muy tranquilo, ya que apenas notan el movimiento del tren.

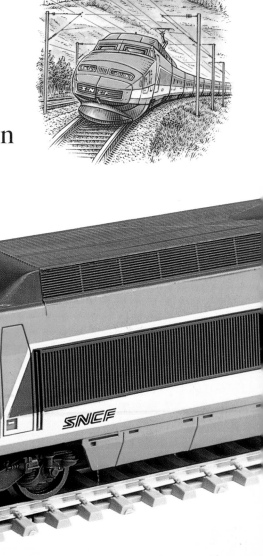

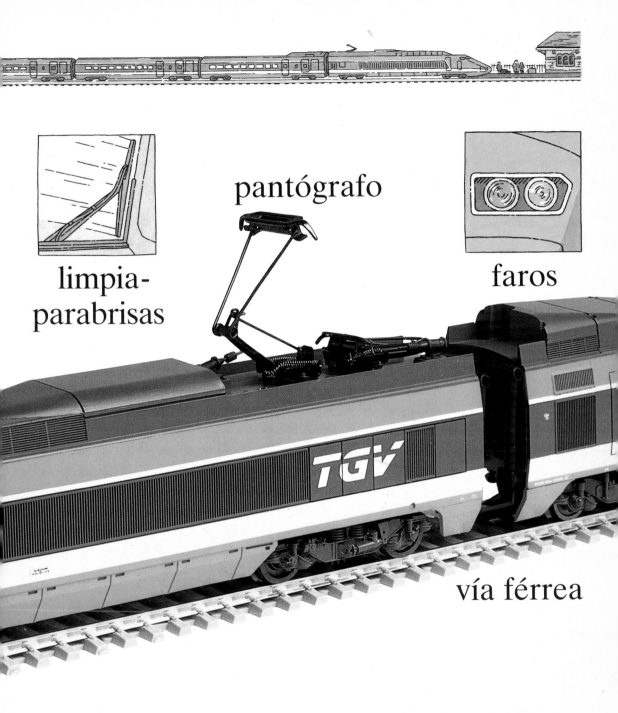

pantógrafo

limpia-
parabrisas

faros

TGV

vía férrea

Tren de socorro

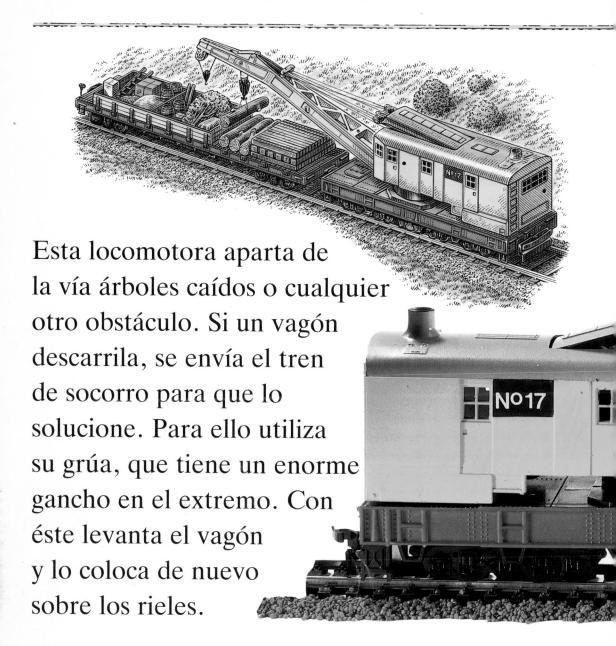

Esta locomotora aparta de la vía árboles caídos o cualquier otro obstáculo. Si un vagón descarrila, se envía el tren de socorro para que lo solucione. Para ello utiliza su grúa, que tiene un enorme gancho en el extremo. Con éste levanta el vagón y lo coloca de nuevo sobre los rieles.

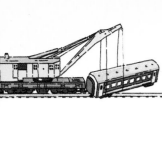

gancho

cabina brazo

Ferrocarril de montaña

El ferrocarril de montaña arrastra los vagones hasta lo alto de las cumbres. Su extensa máquina vira por los dos extremos, y esto permite al tren salvar las escarpadas laderas de los montes.

cabina del
conductor

pantógrafo

faro

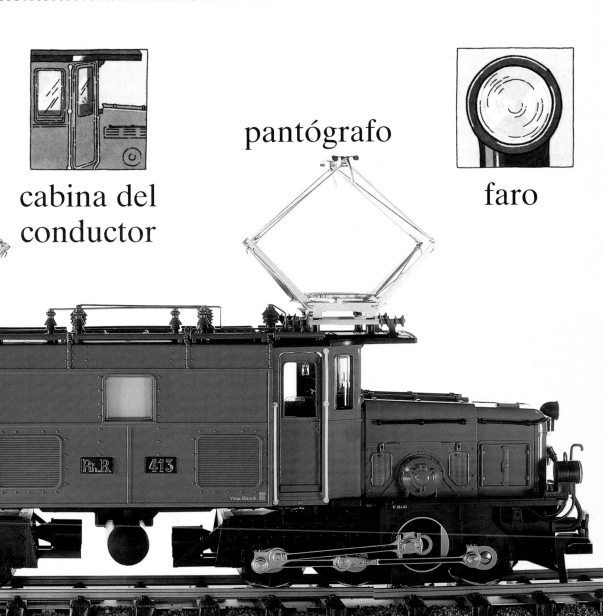

13

Tren de pasajeros

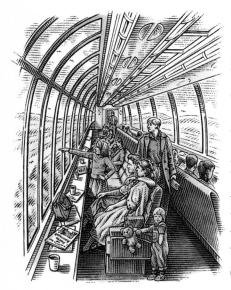

Esta gran máquina usa gasolina diesel como combustible. Lleva coches de dos pisos en trayectos de largo recorrido. Los pasajeros pueden sentarse cómodamente y disfrutar del paisaje mientras el tren va a gran velocidad.

coche

bocina

ventana

cabina

Tren de mercancías

El tren de mercancías transporta todo tipo de cargas pesadas. El vagón cisterna transporta gasolina. Algunos vagones de carga están refrigerados para poder mantener frescos los alimentos en viajes largos. El último vagón se llama «furgón de cola».

furgón de cola

rueda

escalera de mano

vagón cisterna

vagón de carga

Máquina para maniobras

La máquina para maniobras es una
locomotora muy potente, que
se usa en las estaciones del
ferrocarril para arrastrar los
vagones de mercancías hasta
la zona de carga y descarga.
También se utiliza para llevar
los vagones a los cobertizos al final del día.

máquina

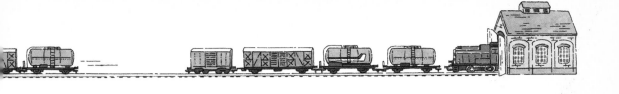

tope

ruedas

ventana

coche

Orient Express

El Orient Express es un antiguo y famoso tren. Lleva pasajeros en cortos viajes de placer. Los vagones están decorados al estilo antiguo. Las comidas se sirven en el coche restaurante y, por la noche, los pasajeros duermen en el coche cama.